Quaderni di cinema italiano per stranieri

Paolo Torresan

# Le notti di Cabiria

## Federico Fellini

## Simbologia

 Dialogare

 Leggere

 Osservare

 Scrivere

 Informazione

 Note

 Riferimento biografico

 Riferimento bibliografico

 Grammatica

**Autore**
Paolo Torresan

**Responsabile didattico della collana**
Paolo E. Balboni.

**Progetto grafico e copertina e impaginazione**
Keen s.r.l.

ISBN 88-7715-789-5

**I edizione**
© Copyright 2004 Guerra Edizioni - Perugia

**Proprietà letteraria riservata.**
I diritti di traduzione, di memorizzazione elettronica, di riproduzione e di adattamento totale o parziale, con qualsiasi mezzo (compresi microfilm e le copie fotostatiche), sono riservati per tutti i paesi.

L'autore e l'editore sono a disposizione degli aventi diritto con i quali non è stato possibile comunicare nonché per involontarie omissioni o inesattezze nella citazione delle fonti dei brani o immagini riprodotte nel presente volume.

**Guerra** Edizioni
via Aldo Manna, 25 - 06132 Perugia (Italia) / tel. +39 075 5270257-8 / fax +39 075 5288244
e-mail: geinfo@guerra-edizioni.com / www.guerra-edizioni.com

# Biografia di Federico Fellini

Federico Fellini nasce a Rimini nel 1920, il padre è rappresentante di generi alimentari, la madre è casalinga. Negli anni della scuola si distingue come studente modello, dimostrando una notevole abilità nel disegno.
All'età di vent'anni si trasferisce a Roma. Segue le lezioni alla Facoltà di Giurisprudenza senza però arrivare alla laurea, tenta timidamente la via del giornalismo, s'appassiona agli spettacoli di varietà dei teatri di periferia, scrive *gag* per la radio (le più divertenti sono interpretate da Giulietta Masina, la futura moglie). Sono anni difficili dal punto di vista economico e si trova costretto a vivere una vita da clandestino, essendosi sottratto alla chiamata alle armi. Nell'aprile del 43 viene arrestato dai nazisti; riesce a salvarsi grazie a un espediente: mentre sta per essere trasportato in una centrale di polizia, finge di riconoscere un ufficiale tedesco fermo ad un incrocio, gli urla: "Fritz! Fritz!", e salta giù dal camion; l'autista intanto riparte, senza essersi accorto di nulla. Stringe una fraterna amicizia con il comico Aldo Fabrizi e conosce il maestro del neorealismo, Roberto Rossellini, il quale lo invita a collaborare alla sceneggiatura di *Roma città aperta* (1945). Nel 1952 esce, senza successo, il suo primo film: *Lo sceicco bianco*. Maggiori consensi gli giungono per *I vitelloni* (1953). È tuttavia con *La strada* (1954) che si impone finalmente nella scena internazionale. Dopo una parentesi infelice con *Il bidone* (1955), ottiene un nuovo, straordinario successo con *Le notti di Cabiria* (1957). Del 1960 è il suo film più famoso, *La dolce vita*, ritratto di una Roma borghese e vuota attraverso gli occhi di un giornalista di cronaca (interpretato da Marcello Mastroianni). Divenute ben presto celebri nella storia del cinema, molte scene ci restituiscono il sapore di un'epoca: la visione della città dall'elicottero, il bagno di Anita Eckberg nella fontana di Trevi, la folla dei giornalisti attorno alle celebrità del momento, le feste mondane nei palazzi romani, ecc. Tra i film successivi: *Otto e mezzo* (1963), *Giulietta degli spiriti* (1965), *Amarcord* (1973) e *La voce della luna* (1990).
Muore a Roma nel 1993. Verrà sepolto a Rimini, accanto al fratello e ai genitori.

**1. Quali di queste iniziative sono state per Fellini un successo e quali un insuccesso?**

                  ☺      ☹

1) La scuola dell'obbligo
2) Il disegno a mano libera
3) L'università
4) L'attività di giornalista
5) *Lo sceicco bianco*
6) *I vitelloni*
7) *La strada*
8) *Il bidone*

### Filmografia

1) *Luci del varietà* (co-regia con Alberto Lattuada, 1951)
2) *Lo sceicco bianco* (1952)
3) *I vitelloni* (1953)
4) *Amore in città* (episodio *Agenzia matrimoniale*, 1953)
5) *La strada* (1954)
6) *Il bidone* (1955)
7) *Le notti di Cabiria* (1957)
8) *La dolce vita* (1960)
9) *Boccaccio '70* (episodio *Le tentazioni del Dottor Antonio*, 1963)
10) *Otto e mezzo* (1963)
11) *Giulietta degli spiriti* (1965)
12) *Tre passi nel delirio* (episodio *Tommy Dammit*, 1968)
13) *Satyricon* (1969)
14) *I clowns* (1970)
15) *Roma* (1972)
16) *Amarcord* (1973)
17) *Il Casanova di Federico Fellini* (1976)
18) *Prova d'orchestra* (1979)
19) *La città delle donne* (1980)
20) *E la nave va* (1983)
21) *Ginger e Fred* (1985)
22) *Intervista* (1987)
23) *La voce della luna* (1990)

### Dove abita Cabiria? *Testimonianza di Federico Fellini*

**1.**

Mentre giravo una sequenza del *bidone* tra le vecchie mura dell'antico acquedotto romano, notai isolata dalle altre catapecchie[1], una minuscola baracca che più miserabile e povera di così non si poteva immaginare. Roba da cartoni animati. Una specie di cuccia per cani, fatta con bidoni di latta e vecchie cassette per la frutta. Mi avvicinai incredulo[2], e curvandomi sulla porta infilai dentro la testa. Per quanto assurdo come abitazione, l'interno della baracca aveva un suo straziante lindore[3]: tendine a fiori alle finestre (finestre?), tegami e padellette, ammaccati ma lustri[4], appesi in bell'ordine alla parete, e un tavolino di ferro col ripiano di marmo come i tavolini dei caffè all'aperto, con sopra un centrino ricamato e un vasetto di margherite nella terra.

**2.**

Su di un materassino da bambini c'era seduta una donna, la proprietaria, che come mi vide si tuffò su un mucchio di patate e prese a scagliarmele addosso con una tale violenza che fui costretto a ritirarmi precipitosamente[5] e ad allontanarmi di buon passo dalla baracca inseguito da urla e da insulti mortali. Mi spiegarono che la donna, una prostituta d'infima categoria[6], era da qualche tempo disperata perché aveva ricevuto un foglio di carta dove le dicevano che doveva abbattere la sua casa perché era abusiva[7]. Doveva dunque andarsene di lì, abbandonare quel rifugio da animale, perché non aveva la licenza, non era stata fatta la domanda, non era stata presentata al Comune la progettazione di un architetto. La poveretta, al limite della follia, mi aveva scambiato per un messo del sindaco[8] che veniva a buttar giù la sua catapecchia.

---

[1] *catapecchie*: piccole abitazioni in cattive condizioni.
[2] *incredulo*: il regista non riusciva a credere che in una casa così brutta e povera potesse abitarci una persona.
[3] *per quanto assurdo come abitazione, l'interno della baracca aveva un suo straziante lindore*: l'interno della casa era molto pulito, anche se inadatto ad ospitare una persona.
[4] *ammaccati ma lustri*: le pentole e i tegami erano puliti, anche se rovinati dall'uso.
[5] *prese a scagliarmele addosso con una tale violenza che fui costretto a ritirarmi precipitosamente*: la donna cominciò a tirare le patate contro il regista con così tanta forza che lui fu costretto ad uscire dalla casa velocemente.
[6] *infima*: bassissima.
[7] *abusiva*: costruita senza un permesso da parte del Comune.
[8] *messo del sindaco*: funzionario comunale inviato dal sindaco.

**3.**
Fu soltanto verso sera, dopo aver osservato tutto il giorno da lontano il mio lavoro di regista in mezzo alla mia troupe, agli attori e alle luci, che si convinse che non ce l'avevo con lei e con la sua casa. La trovai che gironzolava intorno alla mia automobile pensosa e diffidente, con l'aria di chi vorrebbe comprarla ma sospetta una fregatura[9]. Le rivolsi un saluto, mi rispose appena, senza sorridere, come per farmi capire che non era il caso di mostrare tanta confidenza. Mi chiese poi di che marca era la mia macchina e quanti chilometri faceva con un litro. Adesso mi guardava con un sorriso di compatimento, disapprovante e divertita come se non capisse la necessità di tipi come me al mondo e del lavoro che mi aveva visto svolgere.

**4.**
"La mia vita sì che è un film" disse poi scuotendo la testa con gran convinzione.
"Altro che i tre moschettieri![10]" Nei giorni seguenti mi raccontò qualcosa di questa sua vita, alternando episodi di una realtà atroce, brutale, [...] con altri che si capiva chiaramente che se li stava inventando, prendendoli in prestito dai film che aveva visto o dai romanzi a fumetti che aveva letto. Cocciutamente[11] si ostinava a mescolare gli uni agli altri confondendo tutto per un bisogno straziante di credere che la sua vita di sciagure fosse così come la raccontava lei, colorandola con le ingenue sentimentali fantasticherie della sua povera testa di bambina ignorante e sfortunata. Ecco, così un po' alla volta è nato Le notti di Cabiria.

Federico Fellini, Le notti di Cabiria, Garzanti, Milano 1981, pp. 8 – 9.

## 2. Scegli il titolo adatto per ciascun paragrafo

**1.**
a) ritratto della periferia romana
b) l'idea per un nuovo film
c) una scoperta casuale

disegno di F. Fellini

disegno di F. Fellini

**2.**
a) un avviso del Comune
b) uno spiacevole malinteso
c) per colpa di un architetto

**3.**
a) una scoperta casuale
b) il duro lavoro del regista
c) fidarsi è bene, non fidarsi è meglio

**4.**
a) l'idea per un nuovo film
b) ricordi d'infanzia
c) l'autentica giornata di una prostituta

[9] *sospetta una fregatura:* pensa ci sia un imbroglio, un inganno.
[10] *la mia vita sì che è un film [...] altro che i tre moschettieri!:* la mia vita è più avventurosa di quella dei tre moschettieri! [si tratta dei famosi personaggi dell'omonimo romanzo di A. Dumas, che in realtà erano quattro: D'Artagnan, Athos, Aramis, Porthos].
[11] *cocciutamente:* con forte convinzione.

### Curiosità

*In Italia si diffuse la voce che Fellini chiedesse troppi soldi ai produttori per fare un film. Il regista affermò sempre il contrario, e sottolineò l'ipocrisia dei produttori, che gli avrebbero contestato le idee più originali, giudicandole troppo strane e perciò irrealizzabili. Per girare Le notti di Cabiria, Fellini si rivolse a ben dodici produttori. Il primo che si rifiutò gli disse: "È un film pericoloso. Parliamoci col cuore in mano, Federico. Tu hai fatto un film sui froci [I vitelloni, che per il produttore erano omosessuali], hai fatto un film sugli zingari zozzi [La strada], sui bidonisti [Il bidone; i "bidonisti" sono i truffatori]. Ne stai preparando uno sui matti. Ora mi tiri fuori le puttane. Quale sarà, c'è da chiedersi a questo punto, il tuo prossimo film?". "Sui produttori" rispose Fellini.*

### Le notti di Cabiria
**Anno di produzione**: 1957
**Durata**: 110'
**Nazione**: Italia
**Regia**: Federico Fellini
**Attori**: Giulietta Masina (*Cabiria*), François Périer (*Oscar D'Onofrio*), Franca Marzi (*Vanda*), Dorian Grey (*Jessy*), Amedeo Nazzari (*Alberto Lazzari*), Aldo Silvani (*Il prestigiatore*), Mario Passante (*Lo zoppo*), Ennio Girolami (*Amleto*)
**Genere**: Commedia
**Ambientazione**: Roma
**Varietà linguistiche**: Italiano regionale (*romano*)

### Trama

Cabiria "fa la vita", si prostituisce. È riuscita a mettere insieme tutto quello che ha (una casa e un discreto conto in banca) passando le notti con i clienti. Ed è la vita che "fa" che la rende così scontrosa e diffidente: ricambia con freddezza il gesto coraggioso dei ragazzi che la salvano dalle acque del Tevere, litiga con l'amica Vanda, e i rapporti con le "colleghe" non si possono dire tranquilli. Un attore famoso, Alberto Lazzari, decide di passare una serata con lei per dimenticare il litigio con la fidanzata. Nella casa di lui, tra i velluti e i marmi, l'atmosfera è serena: Cabiria si confida e l'attore le dimostra simpatia. Ma sul più bello compare la fidanzata offesa e la povera Cabiria è costretta a trascorrere tutta la notte nascosta in bagno con un cane. Spinta dal bisogno di credere in qualcosa, prende parte ad un pellegrinaggio ad un santuario nella campagna romana. Una folla enorme riempie la chiesa: c'è chi urla, chi prega e anche Cabiria chiede un miracolo alla Madonna. Tuttavia una volta finita la festa, ritornano l'amarezza, il dubbio, la fatica. Durante uno spettacolo in un teatrino di periferia, un prestigiatore la ipnotizza, e lei, senza volerlo, fa sapere agli spettatori il suo desiderio di un amore innocente ed esclusivo. Tutti si prendono gioco di lei, tranne un giovane che pare sinceramente colpito: le rivela il suo affetto, si dichiara disposto a sposarla. E Cabiria si innamora, vende la casa e preleva i risparmi dalla banca. Quando, in mezzo ad un boschetto, l'uomo fa capire le sue vere intenzioni, e cioè che solo i soldi di lei gli interessano, è troppo tardi: Cabiria non si oppone, gli lascia il denaro. Alla ricerca della strada del ritorno, incontra un gruppo di giovani che ballano e cantano: il suono di una chitarra e un semplice "Buonasera" la fanno sorridere. Incrociando lo sguardo con l'obiettivo della cinepresa, Cabiria invita lo spettatore a seguirla nella sua nuova "notte".

**Per ulteriori informazioni sul regista e sul film:**
http://www.federicofellini.it/fondazione.html   http://www.cinemaitalia.com/fellini/index.html   www.guerra-edizioni.com
**Per ascoltare le colonne sonore dei film:** http://www.cinemaitalia.com/fellini/musica.html
**Per vedere le locandine italiane dei film:** http://www.cinemaitalia.com/fellini/fel_film.html
**Per ascoltare la voce di Fellini:** http://www.italica.rai.it/principali/argomenti/libri/fellini/real.htm

**Le "case chiuse"**
Le prostitute fino alla metà del secolo scorso esercitavano il loro mestiere in appartamenti che avevano sempre le imposte abbassate, in modo che dall'esterno non si vedesse nulla, e perciò chiamati "case chiuse". La "casa chiusa" veniva anche chiamata "casino" o "bordello"; termini che ora sono usati senza più riferimento al significato originario, vogliono dire piuttosto: "confusione", "disordine", come in questi messaggi trovati nella Rete:

Ho combinato[12] **un casino**...AIUTOOOOOO  *(da un messaggio in una mailing list)*
Sul ponte c'è un **bordello** infernale, troppe persone che si preparano allo stesso tempo.
Una piccola corrente ci accompagna durante la discesa. La visibilità non è eccezionale... *(dal diario di due sub)*

Il primo termine, in particolare, può essere usato come avverbio, con il significato di "moltissimo":

Volevo dire a Boris che lo amo ancora tanto (e non smetterò mai di farlo) e che mi manca **un casino**.
Tania.  *(da una dedica in girlpoweritaly@aol.com )*
Vi ho sentito una volta allo SHOW Time e devo dire che siete fortissimi.
Mi sono divertito un **casino**!!!  *(dal sito della rock band "Revolver")*

 Le "case chiuse" per i più poveri erano chiamate un tempo "lupanare", come nella poesia *"Città vecchia"* di Umberto Saba (Trieste, 1883 - Gorizia, 1957).

*Umberto Saba*

*Spesso, per ritornare alla mia casa
prendo un'oscura via di città vecchia.
Giallo in qualche pozzanghera si specchia
qualche fanale[13], e affollata è la strada[14].*

*Qui tra la gente che viene e va
dall'osteria alla casa o al lupanare,
dove son merci e uomini il detrito[15]
di un gran porto di mare[16],
io ritrovo, passando, l'infinito
nell'umiltà[17].*

*Qui prostituta e marinaio, il vecchio
che bestemmia, la femmina che bega[18],
il dragone che siede alla bottega
del friggitore[19],
la tumultuante giovane impazzita
d'amore[20]
sono tutte creature della vita
e del dolore;
s'agita in esse, come in me, il Signore.*

*Qui degli umili sento in compagnia
il mio pensiero farsi
più puro dove più turpe è la via[21].*

[12]*combinare: fare.*
[13]*giallo in qualche pozzanghera si specchia qualche fanale: la luce del fanale di una macchina si riflette negli specchi d'acqua che ci sono sulla strada.*
[14]*affollata è la strada: la strada è piena di persone.*
[15]*il detrito: i residui trascinati dall'acqua.*
[16]*dall'osteria alla casa o al lupanare, dove son uomini e merci il detrito di un gran porto di mare: dopo l'osteria, gli uomini tornano a casa o vanno al lupanare: sono come i beni che si scambiano nel porto: soggetti ad un continuo movimento.*
[17]*umiltà: semplicità.*
[18]*la femmina che bega: la donna che litiga.*
[19]*il dragone: un tipo di soldato.*
[20]*la tumultuante giovane impazzita d'amore: la ragazza agitata per il folle amore che prova.*
[21]*qui degli umili sento in compagnia il mio pensiero farsi più puro dove più turpe è la via: più il poeta vede bruttezza e disordine "morale", più il suo pensiero si fa vicino alle persone semplici, e diventa chiaro e lucido.*

# Prima sequenza: la Madonna del Divino amore

Al santuario della Madonna del Divino Amore, alle porte di Roma, arrivano i pellegrini da tutto il Lazio per chiedere un miracolo alla Vergine. Ci sono pure Cabiria, Vanda (l'amica del cuore), Rosa (un'altra prostituta), Amleto, ovvero il "protettore" (colui che gestisce il loro "lavoro"), e lo zio di questi, incapace di reggersi in piedi.

> **GLOSSARIO**
> **grazia:** miracolo.
> **confessionale:** luogo in cui il fedele confessa i propri peccati al sacerdote.
> **Atto di dolore:** preghiera che si recita alla fine della confessione e prima che il sacerdote dia l'assoluzione.
> **misericordia:** perdono, pietà.

### 3. Dopo aver visto la sequenza, rispondi alle domande
1) Cabiria non si ricorda una preghiera. Qual è il consiglio di Vanda?
2) Perché Cabiria chiede a Vanda di starle vicina?
3) Qual è la grazia chiesta da Cabiria?

### 4. Scegli l'alternativa esatta
1) **Alla fine il prete invita i fedeli a**
a) pregare intensamente
b) andare verso una statua o un'immagine della Vergine
c) accendere la candela come segno di devozione

2) **Rosa**
a) incoraggia il vecchio a camminare da solo
b) chiede una grazia per il vecchio
c) dà le stampelle al vecchio

### 5. Dopo aver visto la scena di nuovo, inserisci la parola mancante nello spazio

| | | |
|---|---|---|
| | Cabiria | Atto di dolore...com'è? Non me lo ricordo più! |
| | Vanda | Atto di dolore. Mio Dio mi pento con tutto il cuore dei miei (1)............... |
| | Cabiria | Sì, sì, ma dopo? |
| | Vanda | E *ce* sta scritto sul confessionale... |
| 5 | Cabiria | Ah sì! |
| | Vanda | Ah ah, *aspettame* qua! Ma *'ndo vai? No se po' entra'* in due... |
| | Voci | Basta adesso! All'altro cancello! All'altra entrata! Attenti alle mani! |
| | Amleto | Fate (2)............! Non spingete! Ma che spingete? |
| | Voce | Aò, ma io *so'* malato, sa? |
| 10 | Amleto | E questo sta bene? Che non lo vedi, eh?! |
| | | Sta' attento, zio! *[parlando tra sé, ironicamente]*... malato... |
| | | Ecco l'altare, zio! |
| | Lo zio storpio | Non ne (3)............ più! |

|   | **Amleto** | Ma che c'è? |
|---|---|---|
| 15 | **Lo zio storpio** | Non ce la faccio! Basta! Basta!! |
|   | **Amleto** | Ma che *te* fermi qui? |
|   | **Lo zio storpio** | Non ce la faccio più! |
|   | **Amleto** | Ma *te* reggo io, basta che arriviamo fino all'altare, fino all'altare. |
|   | **Lo zio storpio** | Mi voglio riposare **(4)**............! |
| 20 | **Amleto** | Rosa, *vie'* qua un momento che questo *se sta a abbiocca'*. [*rivolto allo zio*] ...Su, forza, cammina che il più l'abbiamo fatto! |
|   | **Sacerdote** | Ognuno di essi ha una pena segreta, ognuno di essi ha una grazia da **(5)**............, apri il tuo cuore alla misericordia, o Vergine Santa! |
|   | **Voce** | Grazia, Madonna mia! Grazia, Madonna mia! |
| 25 | **Sacerdote** | Gridate con **(6)**............ il cuore: Viva Maria! |
|   | **Voci** | Viva Maria! |
|   | **Sacerdote** | Grazia, Madonna! |
|   | **Voci** | Grazia, Madonna! |
| 30 |   | O santa Vergine prega per me! O santa Vergine prega per me! Mira il tuo **(7)**............, o bella Signora, che pien di giubilo oggi ti onora, che pien di giubilo oggi ti onora! |
|   | **Sacerdote** | Viva Maria! |
|   | **Voci** | Viva Maria! |
|   | **Sacerdote** | Grazia, Madonna! |
| 35 | **Voci** | Grazia, Madonna! |
|   | **Voci** | Grazia, Madonna! Evviva Maria! Grazia, Madonna! |
|   | **Cabiria** | Grazia, Madonna! |
|   | **Voce** | *Famme guarì! Famme guarì*, Madonna! *Famme torna'* com'ero! |
| 40 | **Voce** | Grazia, Madonna, te la chiedo davvero! Grazia, Madonna, te la chiedo davvero! |
|   | **Cabiria** | Vanda, qui! *Stamme* vicina! Che succede adesso? |
|   | **Vanda** | E che ne so? |
|   | **Cabiria** | Sentissi come mi **(8)**............ il *core*! M'ha preso 'na tremarella! Me sento così strana, a *Va'*! |
| 45 | **Vanda** | Eh? |
|   | **Sacerdote** | Viva Maria! |
|   | **Voci** | Evviva Maria! |
|   | **Sacerdote** | Grazia, Madonna! |
|   | **Voci** | Grazia, Madonna! |
| 50 | **Sacerdote** | Inginocchiatevi! Con fiducia filiale chiedete alla Mamma celeste il **(9)**............ delle vostre colpe! E tu, Madonna del Divino Amore... |
|   | **Lo zio storpio** | Amleto, me la **(10)**............la grazia, la Madonna? |
|   | **Amleto** | Io credo di sì! |
|   | **Sacerdote** | ... il torrente miracoloso delle tue tenerezze materne! |
| 55 |   | Ed ora appressatevi all'altare della Vergine, guardate i suoi occhi dolcissimi e nel suo sguardo **(11)**............di voi possa sentir nel cuore riaccendersi la luce della speranza. |
|   | **Voci** | O dolce Cuore, egli è rifugio al peccatore, egli è rifugio al peccatore! |
|   | **Cabiria** | Madonna, Madonna mia, fammi cambiar vita, fammi la grazia pure a me! |
| 60 |   | Fammi cambiar vita! |

|  |  |
|---|---|
| Amleto | Zio, è il momento! |
| Lo zio storpio | Ho paura! |
| Amleto | Prova a lasciare le stampelle! |
| Lo zio storpio | Ho paura! |
| 65 Amleto | C'hai la grazia, me lo sento! |
| Lo zio storpio | Ho paura! |
| Amleto | Te reggo io! |
| Rosa | Provate! Coraggio, provate! |
| Lo zio storpio | Ho paura! Madonna, sono un peccatore, un verme della (12)............! |
| 70 | Grazia, Madonna! |
| Amleto | Lascialo Rosy! |
| Lo zio storpio | No, non mi (13)............! |
| Rosa | Grazia, Madonna! Grazia! |

6. **Nel testo è presente una costruzione particolare della frase che esprime un concetto di necessità.**

*Ognuno di essi ha una grazia da domandarti* = **ognuno di essi ti deve domandare una grazia**

**Prova ad riformulare il concetto delle seguenti frasi, usando il verbo "dovere"**

1) È un problema da risolvere il più presto possibile.
   ....................................................................................................................................

2) Non ho tempo, mi dispiace, oggi ho molte cose da fare.
   ....................................................................................................................................

3) Piove e fa freddo. È da stare in casa e non uscire.
   ....................................................................................................................................

4) E' una questione delicata, da sottoporre alla visione di qualche esperto.
   ....................................................................................................................................

5) Di' a Elena che abbiamo molti problemi da risolvere.
   ....................................................................................................................................

*Hai notato il velo che le donne indossavano in chiesa? Era un segno di rispetto e di devozione che oggi non si usa più.*

**7. In Italia, sui portoni di molte chiese sono appesi cartelli simili a questi:**

 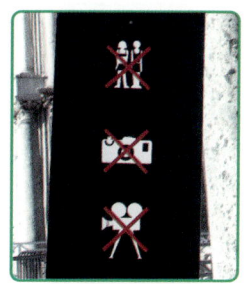 

*Nel tuo Paese esistono regole simili (per quanto riguarda l'abbigliamento, il silenzio, ecc.), che devono essere rispettate da chiunque entri in un luogo religioso? Puoi scriverle qui sotto*

1) ................................................................................................................................................
2) ................................................................................................................................................
3) ................................................................................................................................................
4) ................................................................................................................................................

**8. Nella sequenza che hai visto sono presenti espressioni tipiche dell'italiano colloquiale. Individua il significato di ciascuna**

1) *Ecco l'altare, zio!*  
   **Non ne posso più...**  
   *Ma che c'è?*  
   **Non ce la faccio...**
   
   Non poterne più = non farcela =
   
   a) Magari!  
   b) Ancora...  
   c) Basta!

2) *Forza, cammina,*  
   **che il più l'abbiamo fatto**
   
   Aver fatto il più =
   
   a) Sei il migliore!  
   b) Manca ancora molto!  
   c) Manca poco!

3) *C'hai la grazia,* **me lo sento!**
   
   Sentirsela =
   
   a) Essere insicuri  
   b) Essere sicuri  
   c) Essere perdenti

*Rivolgendosi allo zoppo, Rosa usa una forma di rispetto, il "Voi", oggi ancora presente in contesti molto limitati:*

1) **Nella corrispondenza commerciale:**  
   *Spettabile Ufficio Selezione del Personale, scrivo in risposta al Vostro annuncio apparso su...*

2) **Nel caso in cui l'interlocutore rappresenti un gruppo di persone:**  
   *Avete una camera libera dal 20 al 26 giugno?*

Quaderni di cinema italiano / Le notti di Cabiria

Il linguaggio religioso presenta termini elevati come quelli nel riquadro:

> mirare = guardare
> giubilo = gioia
> pena = dolore
> onorare = rispettare, lodare
> appressarsi = avvicinarsi

La lingua religiosa ha altre caratteristiche:

**LA RIPETIZIONE**

> Ognuno di essi ha una pena segreta, ognuno di essi ha una grazia da domandarti....

**LA PERIFRASI** (l'uso di più parole per esprimere un concetto semplice) per dare una certa risonanza alla frase, e **LA METAFORA**, per la sua forza immaginativa

> pien di giubilo = felice
> apri il tuo cuore alla misericordia = perdona
> è rifugio al peccatore = protegge il peccatore
> sentir nel cuore riaccendersi la luce della speranza = tornare a sperare
> il torrente miracoloso delle tenerezze materne = la grande bontà di madre

**IL VOCATIVO** per rivolgersi solennemente all'interlocutore

> Vergine Santa          Santa Vergine
> Bella Signora          Dolce Cuore

**IL CONGIUNTIVO PRESENTE** per esprimere desideri e speranze

> Ciascuno di voi possa sentir nel cuore riaccendersi la luce della speranza

**9.** Ecco la preghiera che Cabiria dovrebbe leggere per intero dopo la confessione dei peccati:

*Atto di dolore*
*Mio Dio, mi pento e mi dolgo con tutto il cuore dei miei peccati, perché peccando ho meritato i Vostri castighi, e molto più perché ho offeso Voi, infinitamente buono e degno di essere amato sopra ogni cosa. Mi propongo col Vostro santo aiuto di non offenderVi mai più e di fuggire le occasioni prossime del peccato. Signore, misericordia, perdonatemi.*

**In questa preghiera ci sono espressioni simili, come per esempio: "mi pento e mi dolgo". Trovane altre e confrontati con un compagno**

**10. Individua il significato di questi due verbi**

1) **Mi dolgo**
a) mi accuso
b) mi chiedo
c) provo dolore

2) **Mi propongo**
a) mi pento
b) mi obbligo
c) mi merito

## L'ITALIANO DI ROMA

*Il nipote usa un'espressione particolare della parlata romana:*

> se sta a abbiocca' = si sta addormentando.

Il verbo *abbioccarsi* si è diffuso dalla parlata romana all'italiano standard con il significato di "addormentarsi".

**11. Dopo aver riletto la trascrizione della sequenza, prova a rispondere a queste domande che ti fanno cogliere importanti differenze tra la parlata romana e l'italiano standard**

1) Cosa succede ai pronomi?
2) Agli infiniti?
3) Cosa succede al nome "Vanda"?
4) Quale lettera può precedere un nome di persona per richiamare l'attenzione?

*Tipico dell'Italia centrale è l'uso di un "che" pleonastico, la cui funzione è semplicemente quella di rafforzare la domanda*

> Che non lo vedi? =   Non lo vedi proprio?
> Ma che te fermi qui? =   Ti fermi proprio qui?

**12. Torna alla trascrizione della sequenza e sottolinea tutti i "che". Scrivi poi le frasi in cui compaiono i "che" in questa tabella, a seconda della loro funzione**

**Pleonastico (tipico dell'Italia centrale)**
1) Che non lo vedi?
2) Ma che te fermi qui?

**Congiunzione subordinante**
3) Basta che arriviamo fino all'altare

**Pronome relativo**
4) ............................................................................................................

**Particella interrogativa (che…?= cosa…?)**
5) ............................................................................................................
6) ............................................................................................................
7) ............................................................................................................

**Particella interrogativa (che...?= perché?)**
8) ............................................................................................................................................................

**Congiunzione causale (= perché)**
9) ............................................................................................................................................................
10) ............................................................................................................................................................

## Verifica della prima sequenza

**13. Riordina le azioni seguendo l'ordine in cui compaiono nella sequenza. Fa' attenzione, ce n'è una in più**

- [1] Vanda e Cabiria si dividono.
- [ ] Il prete invita i fedeli a cantare un inno alla Madonna.
- [ ] Amleto si arrabbia con un malato.
- [ ] Rosy corre in aiuto.
- [ ] Cabiria dice di essere emozionata.
- [ ] Tutti si inginocchiano.
- [ ] Cabiria chiama Vanda.

**14. Individua con una croce, come negli esempi, la funzione dei "che" presenti nelle frasi tratte dal film**

| *a* - Pleonastico (tipico dell'Italia centrale) | *c* -Pronome relativo | *e* -Congiunzione causale (perché?) |
|---|---|---|
| *b* -Congiunzione subordinante | *d* -Particella interrogativa (cosa?) | *f* -Congiunzione causale (perché?) |

1) Come hai detto **che** ti chiami?
   ( a - ✗ - c - d - e - f )

2) Levati il vestito **che** fa caldo qui.
   ( a - b - c - d - e - f )

3) Sposi una persona **che** hai visto solo dieci volte, **che** non sai neanche chi sia.
   ( a - b - c - d - e - f )

4) Le giuro **che** poche volte ho sofferto come questa sera.
   ( a - b - c - d - e - f )

5) Per fortuna c'è sempre qualcuno **che** può capire.
   ( a - b - c - d - e - f )

6) Cabiria, **che** ci vieni alla Madonna del Divino Amore? Noi ci andiamo.
   ( a - b - c - d - e - f )

7) **Che** è sta roba?
   ( a - b - c - d - e - f )

8) Sbrigatevi, **che** devo chiudere!
   ( a - b - c - d - e - ✗ )

9) Ciao Va'! E **che** piangi? Non devi piangere, Va'!
   ( a - b - c - d - e - f )

# Seconda sequenza : Il Prestigiatore

**Cabiria è entrata in un teatro di periferia. Un prestigiatore ha ipnotizzato un gruppo di uomini, facendo creder loro di essere dentro ad una barca che sta per affondare. C'è chi prega, chi si straccia i vestiti, chi grida, chi già si sente l'acqua alla gola e agita le braccia.**

**15. Gruppo A:** avete 15 minuti di tempo per immaginare <u>insieme</u> come continua la storia

Passato il quarto d'ora ciascuno di voi racconterà la storia ad un membro del gruppo **B**.
La storia dovrà contenere cinque parole che l'insegnante vi dirà (soluzioni esercizi).
Lo studente del gruppo **B** deve indovinare quali sono le 5 parole segrete (voi quindi dovrete "nasconderle" il più possibile all'interno del vostro racconto).

**Gruppo B:** avete 15 minuti di tempo per immaginare <u>insieme</u> come continua la storia

Passato il quarto d'ora ciascuno di voi racconterà la storia ad un membro del gruppo **A**.
La storia dovrà contenere cinque parole che l'insegnante vi dirà (soluzioni esercizi).
Lo studente del gruppo **A** dovrà indovinare quali sono le 5 parole segrete (voi quindi dovrete "nasconderle" il più possibile all'interno del vostro racconto).

**16. Dopo aver visto la sequenza segna se le affermazioni sono vere o false**

|   |   | vero | falso |
|---|---|---|---|
| 1) | Cabiria sa che sarà ipnotizzata | ■ | ■ |
| 2) | Cabiria finge di essere ricca | ■ | ■ |
| 3) | Cabiria incontra "Oscar" mentre va a Messa | ■ | ■ |
| 4) | "Oscar" è un giovane ricco e soddisfatto | ■ | ■ |

**17. Dopo aver visto la scena di nuovo, inserisci la parola mancante nello spazio**

| | | |
|---|---|---|
| | **Voci** | *[al prestigiatore]* Bravo! Bravo! Bravo! *[ai volontari]* 'A buffoni! |
| | **Prestigiatore** | Andate, andate! |
| | **Cabiria** | *Avete presa 'a fifa*, eh? *[fa il gesto che indica paura]* Così, eh? |
| | **Volontario** | Volevo vedere Lei al posto mio! |
| 5 | **Cabiria** | *Ammappala oh*, che paura! |
| | **Volontario** | Sì, con quel mare! |
| | **Prestigiatore** | Dove va Lei? |
| | **Cabiria** | Dice a me? |
| | **Prestigiatore** | Sì. |
| 10 | **Cabiria** | E che? *N'è finito*? |
| | **Prestigiatore** | No! Che finito? Mi vuol lasciar solo? |

| | | |
|---|---|---|
| | **Cabiria** | He! E *mo'* che (1)............questo? |
| | **Prestigiatore** | Signora o signorina? |
| | **Cabiria** | Signorina. |
| 15 | **Prestigiatore** | Ah! Si è divertita? |
| | **Cabiria** | Be', mica tanto poi, (2)............ |
| | **Prestigiatore** | Senta, vorrei parlare un momento con Lei, (3)............qua. Lei è di Roma? |
| | **Cabiria** | Be', abito a Roma. |
| | **Prestigiatore** | Ha-ah! E in quale quartiere? Colonna? Parioli? Prati? |
| 20 | **Cabiria** | Ai Prati *[viene ipnotizzata]*. |
| | **Prestigiatore** | Andiamo, via, (4)............sincera con me, dove abita? |
| | **Cabiria** | Alla borgata S. Francesco *[risata generale]*. *[Cessa l'ipnosi]* Ma che c'è (5)............ ridere? |
| | **Prestigiatore** | Non ci badi, scherzano. Dunque Lei non è sposata ma desidera sposarsi. |
| | **Cabiria** | E perché *me* dovrei sposare? *E che so'*? Scema? |
| 25 | **Spettatore** | Ma chi *te se pija*? *[risa, urla e fischi]* |
| | **Prestigiatore** | Tutte le ragazze desiderano sposarsi. Io conosco un bravo giovane, un (6)............ in gamba, che cerca moglie e sarebbe contentissimo di sposarla. |
| | **Cabiria** | A me? |
| | **Prestigiatore** | È un giovane bello, ricco, va a cavallo, guida la Ferrari. Vogliamo vedere un |
| 30 | | po' se si (7)............a combinare? Lei che lavoro fa? |
| | **Voce** | La contessa! *[risata generale]* |
| | **Cabiria** | Bè, senta, io sto bene (8)............sto. Non mi manca niente, e con questo La saluto! *[urla e fischi]* Non mi manca niente, (9)............così! |
| | **Prestigiatore** | Tanto meglio, me ne rallegro. Dunque Lei è ricca, vero? Conto in banca, |
| 35 | | proprietaria di case… |
| | **Cabiria** | La casa dove sto è mia, vabbè?? E con questo me ne vado! *[fischi]* |
| | **Voce** | A *ndo'* vai? |
| | **Prestigiatore** | Un momento, non mi faccia fare una brutta figura, aspetti (10)............ che Le presenti il ragazzo, Oscar. |
| 40 | **Cabiria** | Ma chi sarà 'sto Oscar? *[viene ipnotizzata]*. |
| | **Voce** | Te lo dico io!! |
| | **Prestigiatore** | Oscar! (11)............, vieni avanti! Ah-ha, come sei elegante! Permetti? Ti presento la signorina. Anche lei voleva conoscerti. |
| | **Cabiria** | Piacere! |
| 45 | **Prestigiatore** | Il piacere è tutto suo, mi creda. E adesso che le presentazioni sono state fatte, io vi lascio soli. Questo è un bellissimo giardino tranquillo, tutto fiorito. Voi (12)............ parlare, confidatevi, nessuno vi ascolta. Signorina, non vede che Oscar Le offre il braccio? Andiamo signorina, (13)............ dia il braccio, non c'è poi niente di male… |
| 50 | **Cabiria** | Ma così? L'ho appena conosciuto? |
| | **Prestigiatore** | Camminate, i viali sono pieni di fiori, gli uccellini cinguettano, Oscar non ha |

|    |               | il coraggio di parlare, è un po' timido, un po' **(14)**............ Adesso dice: "Signorina, da tanto tempo io desideravo fare la Sua conoscenza. Posso farLe una domanda?" |
|----|---------------|---|
| 55 | **Cabiria**   | Sì. |
|    | **Prestigiatore** | "Il fidanzato non **(15)**............ l'ha ancora? *[Cabiria fa segno di no]* Non c'è mai stato nessun uomo nella Sua vita? *[Cabiria fa segno di no]* Ah, l'immaginavo. Io L'ho veduta tante volte alla finestra, sa, e la domenica, alla Messa, Lei teneva sempre gli occhi **(16)**............, stava con la mamma |
| 60 |               | e…*[Cabiria fa il gesto di raccogliere dei fiori]* Ah, brava, cogliere i fiori denota un animo gentile. Signorina, posso sperare di **(17)**............ ancora? *[Il prestigiatore riceve i fiori]* Ah, grazie. Come ha detto che Si chiama?" |
|    | **Cabiria**   | Maria. |
|    | **Prestigiatore** | "Maria, ah che bel nome! Grazie signorina Maria, conserverò questo fiore |
| 65 |               | come l'oggetto più prezioso. **(18)**............ un ballo?". Prego Maestro, Oscar e Maria desiderano ballare. Adesso l'orchestrina suonerà un bellissimo valzer. "Io sono ricco ma sono solo e infelice. Che cosa **(19)**............ le automobili di lusso, i viaggi, i grandi Hotel? Fumo! Illusione! Quello che io desidero è avere una casa, **(20)**............ bambini, una moglie, come Lei". |
| 70 | **Cabiria**   | Quando avevo diciotto anni, mi doveva conoscere allora. Avevo i capelli neri, lunghi, lunghi così. |
|    | **Prestigiatore** | "Per me è come se Lei **(21)**............ sempre diciott'anni". |
|    | **Cabiria**   | Allora è vero! Mi vuole bene! È proprio vero, non cerca di ingannarmi. Mi vuole veramente bene! *[finisce l'ipnosi, Cabiria cade a terra]* |
| 75 | **Cabiria**   | Signorina, signorina, su, su, su, coraggio eh! *[fischi e risate del pubblico]* |
|    | **Cabiria**   | Ma che m'avete fatto *fa*'? Ma che m'avete fatto *fa*'? |
|    | **Prestigiatore** | Sipario! |

 **18. Rispondi alle domande**

1) Che tipo di quartiere sono "I Prati"?
2) Perché Cabiria non vuole dare il braccio ad "Oscar"?
3) Qual è la caratteristica che contraddistingue "Oscar"?

**a. allegria**          **b. serietà**          **c. gusto nel vestire**

**19. Abbina i modi di dire ai loro significati**

1) Combinare
2) Essere in gamba
3) Fare una brutta figura
4) Non c'è niente di male

| 1/... | 2/... | 3/... | 4/... |

a) Non ci si deve vergognare di qualcosa di innocente
b) Fare in modo che due si incontrino e inizino così una relazione amorosa
c) Dimostrare bravura e capacità
d) Provare un certo imbarazzo per un'azione involontaria che gli altri possono giudicare ridicola o sconveniente

**20. In base al contesto, individua per ciascuna espressione della parlata romana il significato in italiano**

1) **mo'**
a) mio
b) adesso
c) modo

2) **Ammappala oh!**
a) Accidenti!
b) Evviva!
c) Che schifo!

3) **Chi te se pijja?**
a) Chi ti piace?
b) Chi ti vuole?
c) Chi si addormenta?

**21. Cabiria e il Prestigiatore usano due varietà di lingua diverse: popolare quello di Cabiria (con sfumature della parlata romana), elevato quello del Prestigiatore. Riporta le frasi originali a partire da come il concetto verrebbe espresso in italiano standard (colonna centrale)**

| Italiano colto (*prestigiatore*) | Italiano standard | Italiano popolare (*Cabiria*) |
|---|---|---|
| .......................... | 1. Avete avuto paura, vero? | *Avete presa 'a fifa, eh?* |
| .......................... | 2. Veramente, non molto | .......................... |
| .......................... | 3. La casa in cui abito è mia, è chiaro? | .......................... |
| .......................... | 4. Chi sarà questo Oscar? | .......................... |
| .......................... | 5. Meglio così, complimenti! | .......................... |
| *Permetti?* | 6. Posso? | .......................... |
| .......................... | 7. Era da tempo che volevo conoscerLa | .......................... |
| .......................... | 8. Ci vediamo ancora? | .......................... |
| .......................... | 9. Le va di ballare? | .......................... |

**Il prestigiatore si rivolge a Cabiria dando del Lei**

*Senta, vorrei parlare con Lei. Venga qua.*

**Si tratta di un ordine cortese, realizzato attraverso la terza persona del congiuntivo presente.**

**22. Sottolinea tutti i congiuntivi presenti che trovi nella trascrizione della sequenza. Riportali poi qui sotto e scrivi tra parentesi l'infinito del verbo**

1) .................................................... ( .................................................... )
2) ............*venga*.................... ( ............*venire*.................... )
3) .................................................... ( .................................................... )
4) ............*badi*....................... ( ............*badare*.................... )
5) .................................................... ( .................................................... )
6) .................................................... ( .................................................... )
7) .................................................... ( .................................................... )
8) ............*presenti*.................. ( .................................................... )
9) .................................................... ( .................................................... )
10) .................................................... ( ............*dare*....................... )

**23. Rispondi a queste domande e poi confronta le tue ipotesi con un compagno**

1) Quali tra questi congiuntivi non è un ordine, ma il suo uso dipende dal verbo che lo precede?
....................................................................................................................................

2) Quale tra questi congiuntivi serve per richiamare l'attenzione?
....................................................................................................................................

**Osserva nella tabella le forme regolari del congiuntivo presente (terza persona singolare), messe a confronto con l'imperativo informale e il presente indicativo.**

---

**Imperativo formale (terza persona singolare del congiuntivo presente)**
aspetti **(are)**     creda **(ere)**     senta **(ire)**
...i                  ...a                ...a

**Imperativo informale**
...a                  ...i                ...i

**Presente indicativo (terza persona singolare)**
...a                  ...e                ...e

**Verbi irregolari del congiuntivo presente (terza persona singolare)**
Sia (**essere**), abbia (**avere**), beva (**bere**), dia (**dare**), faccia (**fare**), esca (**uscire**), stia (**stare**), vada (**andare**), venga (**venire**), dica (**dire**), tenga (**tenere**), rimanga (**rimanere**), sappia (**sapere**), salga (**salire**), ecc. ...

**24. Collega il messaggio al centro con il mittente ed il destinatario, come nell'esempio**

| Mittente | Ordine o Richiesta | Destinatario |
|---|---|---|
| La persona che invita a pranzo | "Mi porti il conto per favore" | Al paziente che deve essere visitato |
| Il portiere dell'albergo | "Si volti per favore" | All'autista che correva troppo veloce |
| Il carabiniere | "Lasci pure" | All'ospite seduto a tavola |
| Il medico | "Si accomodi" | Al cliente che entra con le valigie in mano |
| Il direttore di un'azienda | "Si sdrai sul lettino" | All'uomo d'affari che è appena entrato nel suo ufficio |
| Il sarto | "Rimanga in linea" | Al cameriere |
| La centralinista | "Si serva" | Al cliente che si sta provando il vestito |
| Il cliente di un ristorante | "Esibisca la patente per favore" | Alla persona al telefono |

**25. Come potrebbe il prestigiatore formulare i seguenti ordini al congiuntivo presente?**

1) per chiedere a Cabiria di rimanere sul palco
   ...................................................................................................................

2) per svegliare Cabiria dopo l'ipnosi
   ...................................................................................................................

3) per chiedere a Cabiria di seguirlo
   ...................................................................................................................

4) per chiedere a Cabiria di ascoltare Oscar
   ...................................................................................................................

5) per chiedere a Cabiria di raccogliere dei fiori
   ...................................................................................................................

6) per farsi dire il nuovo nome di Cabiria
   ...................................................................................................................

7) per suggerire a Cabiria di non avere paura
   ...................................................................................................................

## Verifica della seconda sequenza

**26. Inserisci negli spazi vuoti i termini appropriati**

Cabiria crede che lo spettacolo sia **(1)** ................., ma il prestigiatore la trattiene; le chiede se è sposata e se, durante lo spettacolo, si è **(2)** ................. Vuole sapere inoltre se lei è di Roma e in quale **(3)** ................. abita. Il prestigiatore sostiene che ogni donna ha in mente di **(4)** ................., quindi, conclude, anche a Cabiria farà sicuramente piacere conoscere un ragazzo. Le fa credere di essere in un **(5)** ................., in una bellissima giornata primaverile, e che un certo Oscar gradisce conoscerla. "Oscar" dice di aver notato Cabiria altre **(6)** ................., mentre lei stava alla **(7)** ................. o si recava alla Messa con la madre. Cabiria, che dice di chiamarsi **(8)** ................., apprezza i complimenti e si convince di essere **(9)** ................. amata.
Il risveglio è terribile: il pubblico ride di lei e il prestigiatore fa calare il **(10)** .................

**27. Immagina che Cabiria non si lasci ipnotizzare e si ribelli al prestigiatore. Come potrebbe formulare i seguenti ordini al congiuntivo presente?**

1) per chiedere al prestigiatore di lasciarla andare
   ....................................................................................................................

2) per imporre al prestigiatore di non dire stupidaggini
   ....................................................................................................................

3) per chiedere al prestigiatore di far smettere il pubblico di ridere
   ....................................................................................................................

4) per invitare il prestigiatore a togliersi le corna da diavolo
   ....................................................................................................................

5) per impedire al prestigiatore di metterle in testa la corona di fiori
   ....................................................................................................................

## Le sequenze più significative

**28. Collega ciascuna sequenza con l'immagine relativa, come nell'esempio. Fa' attenzione, c'è un'immagine in più**

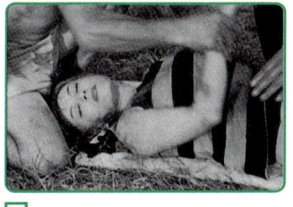
☐

☐

☐

☐

☐

☐ 5

1) Il salvataggio
2) La passeggiata in Via Veneto
3) Il dialogo con l'attore Lazzari
4) L'incontro con Oscar
5) La proposta di matrimonio
6) La separazione da Vanda

☐

## Terza sequenza: Larilillà

 **Leggi questa breve sintesi. Se ci sono parole che non conosci chiedi all'insegnante o consulta il dizionario**

**Cabiria ha finalmente incontrato il suo vero Oscar. Ha i soldi della dote. Si sfoga con Oscar per il passato.**

 **29. Dentro al brano che hai letto prova ad inserire al posto giusto, con una freccia, le parti mancanti riportate qui sotto**

*, una somma considerevole*
*con sé*
*, di cui è innamorata*

**Cabiria ha finalmente incontrato il suo vero Oscar. Ha i soldi della dote. Si sfoga con Oscar per il passato.**

**Prova ad inserire, nel nuovo testo, le parti mancanti riportate qui sotto**

*quello che ha subito durante*
*profondamente*
*portato*

Cabiria ha finalmente incontrato il suo vero Oscar, di cui è innamorata. Ha con sé i soldi della dote, una somma considerevole. Si sfoga con Oscar per il passato.

**Mancano ancora tre parti nel testo, inseriscile nel posto giusto**
**Controlla infine nella pagina delle soluzioni**

*, accumulata dopo tanti sacrifici*
*presa da una certa rabbia,*
*tutti*

Cabiria ha finalmente incontrato il suo vero Oscar, di cui è profondamente innamorata. Ha portato con sé i soldi della dote, una somma considerevole. Si sfoga con Oscar per quello che ha subito durante il passato.

 **30. Dopo aver visto la scena, segna se l'affermazione è vera o falsa**

|  | vero | falso |
|---|---|---|
| 1) Cabiria teme di essere già vecchia. | ● | ○ |
| 2) Cabiria e Vanda hanno aperto un'edicola. | ● | ○ |
| 3) La madre non aveva cura dell'aspetto di Cabiria. | ● | ○ |
| 4) Cabiria ha cominciato a prostituirsi da qualche mese. | ● | ○ |

**31. Dopo aver visto la scena di nuovo, inserisci la parola mancante nello spazio**

|     | Cabiria | Larillirà… *[prende il conto]* |
|-----|---------|---|
|     | Oscar   | Ma che fai? |
|     | Cabiria | Pago io! |
|     | Oscar   | Ma no, lascia stare! |
| 5   | Cabiria | Voglio pagare io! |
|     | Oscar   | Non c'è ragione! |
|     | Cabiria | Ti prego, mi fa piacere! |
|     | Oscar   | Ti dico, lascia! |
|     | Cabiria | Hai sempre pagato tu! Tanto **(1)**………… quello che è mio è tuo, no? |
| 10  | Oscar   | Sì, ma…. |
|     | Cabiria | È uguale, non ti **(2)**…………? |
|     | Oscar   | Cameriere! *[Rivolgendosi a Cabiria]* Si sta facendo sera; vedrai com'è bello il **(3)**………… quassù! |
|     | Cabiria | Vuoi farmi ubriacare, eh? |
| 15  | Oscar   | Ma è così leggero! |
|     | Cabiria | I soldi! |
|     | Oscar   | Mettili **(4)**…………! |
|     | Cabiria | La mia dote…trecentocinquantamila della casa… quei lazzaroni non m'hanno voluto *da'* di più! Sapevano che c'avevo premura e se ne *so'* **(5)**………… |
| 20  |         | E poi *so'* andata alla Cassa de Risparmio a *ritira'* el **(6)**…………: quattrocentomila. Hai visto? Me li *so'* fatti *da'* tutti novi *[piange]*. No, perché tu non hai mai voluto parlarne … tu… tu sei un angelo, un santo, ma se sapessi io quello che ho **(7)**………… *passa'* per *metteli* insieme quei soldi… |
|     | Oscar   | Te l'ho già detto: non voglio saper niente, per favore! Su, vieni, andiamo |
| 25  |         | via di qua! |
|     | Cabiria | Gli sganassoni che ho **(8)**…………! Perché, vedi, quelli che *se* mettono intorno alle ragazze per *portaje* via i soldi –tu magari *manco 'o sai*- per amore sì, per amore tutto *se fa*, ma così no! E alla mia vecchiaia? E chi *ce* **(9)**………… alla mia vecchiaia? Scusa, eh? …Scusa… |
| 30  | Oscar   | Cameriere! Si **(10)**………… il resto! Vieni, andiamo! |
|     | Cabiria | Perché poi, mica volevo *continua'* **(11)**………… così! Appena avessi potuto –sì, domani!- me ne sarei andata via, no? Così, tutta la **(12)**…………? La casa ormai me l'ero fatta! Lo sai che volevamo *fa'*, io e Vanda? Lei conoceva uno che *ce* **(13)**………… un'edicola…appena potevo, lo vedi tu! |
| 35  |         | Ma dove andiamo? *Se* sta così bene qui… |
|     | Oscar   | Facciamo quattro **(14)**…………, vuoi? |
|     |         | *[per la strada]* |
|     | Cabiria | Sì! *Manco me* ricordo più **(15)**………… ho cominciato… tanto ero |

|    |         |                                                                                                                                                              |
|----|---------|--------------------------------------------------------------------------------------------------------------------------------------------------------------|
|    |         | bambina… *manco me* ricordo più! Ma… e le valigie?                                                                                                           |
|    | Oscar   | Passiamo a **(16)**………… più tardi.                                                                                                                           |
| 40 | Cabiria | Se tu m'avessi vista quando c'avevo quindic'anni! Avevo certi capelli neri, lunghi, fino a qui. E chi ne capiva niente? A mia madre basta che *je* portavo i soldi… *[rivolta a Oscar]* Dov'è che andiamo? |
|    | Oscar   | Non lo so. Facciamo un **(17)**………… Come si chiama questa canzone?                                                                                           |

### 32. Scegli l'alternativa esatta

**1) Contro chi prova rabbia Cabiria?**
a) l'edicolante
b) quelli che hanno acquistato la casa
c) Vanda
d) la Cassa di Risparmio

**2) A quindici anni Cabiria…**
a) desiderava essere ammirata da tutti
b) aveva pochi soldi
c) era molto piccola
d) era graziosa

**3) Quanti soldi ha con sé Cabiria?**
a) settecentocinquantamila lire
b) quattrocentomila lire
c) cinquantamila lire
d) trecentocinquantamila lire

La dote, abolita nel nostro ordinamento con la riforma del diritto di famiglia del 1975, era una convenzione matrimoniale per la quale la moglie donava dei beni al marito per sostenere il peso del matrimonio. È un'istituzione antichissima: i primi documenti in cui se ne parla (secolo XI), raccontano che veniva tramandata di madre in figlia. Nella storia del nostro Paese esisteva una tradizione curiosa: le donne di Modena portavano in dote una botte di aceto balsamico che la famiglia aveva conservato fin dalla loro nascita!

### 33. Segna con una croce, come nell'esempio, il ruolo che hanno le particelle CI e NE nelle frasi tratte dalla sequenza

| CI | = a noi | = a questa cosa | Pleonastico del verbo "avere" (non aggiunge significato) | Parte del verbo "esserci" |
|---|---|---|---|---|
| 1) Non **c'è** ragione! | | | | X |
| 2) E chi **ce** pensa alla mia vecchiaia? | | | | |
| 3) Lei conosceva uno che **ce** affittava un'edicola | | | | |
| 4) Quando **c'**avevo quindic'anni | | | | |

| NE | | | Intensivo di un verbo di movimento | = di questa cosa |
|---|---|---|---|---|
| 1) Sapevano che c'avevo premura e se **ne** so' approfittati | | | | |
| 2) Tu non hai mai voluto parlar**ne** | | | | |
| 3) Me **ne** sarei andata via | | | | |
| 4) Avevo certi capelli neri, lunghi, fino a qui. E chi **ne** capiva niente? | | | | |

**34. Individua con una croce, come nell'esempio, la funzione del termine in neretto**

| | Aggiungere un nuovo argomento | Assumere un tono di sfida | Stimolare l'azione | Esprimere un desiderio irrealizzabile | Negare | Mantenere il contatto con l'interlocutore | Esprimere incertezza, probabilità |
|---|---|---|---|---|---|---|---|
| 1) Quello che è mio è tuo, **no**? | | | | | | X | |
| 2) Vuoi farmi ubriacare, **eh**? | | | | | | | |
| 3) **Su**, vieni, andiamo via di qua! | | | | | | | |
| 4) Perché, **vedi**, quelli che se mettono intorno alle ragazze per *portaje* via i soldi. | | | | | | | |
| 5) Tu magari *manco 'o* sai. | | | | | | | |
| 6) Perché **poi**, mica volevo *continua'* sempre così! | | | | | | | |
| 7) Perché poi, **mica** volevo *continua'* sempre così! | | | | | | | |
| 8) Appena avessi potuto –**sì, domani**! - me ne sarei andata via. | | | | | | | |
| 9) Lei conosceva uno che *ce* affittava un'edicola…appena potevo, **lo vedi tu**! | | | | | | | |

# Verifica finale della terza sequenza

**35. Scegli l'alternativa esatta**

1) All'inizio Cabiria era diffidente con Oscar, non *se ne / ci si* era innamorata subito.
2) Oscar ha rivelato a Cabiria il suo desiderio di sposarla e Cabiria non *ne / ci* ha pensato molto: ha detto di sì.
3) Cabiria ha salutato Vanda e poi *se ne / ci si* è andata. Voltandosi indietro a salutare l'amica, già *ne / ci* sentiva la mancanza.
4) Per Cabiria Oscar, che del passato di lei non *ne / ci* voleva sapere, era un angelo, un santo.
5) Cabiria aveva già preparato ogni cosa per il matrimonio. Non immaginava che Oscar l'avrebbe ingannata. Aveva fiducia in lui, aveva trovato l'uomo della sua vita: *ne / ci* era sicura.
6) Cabiria cercava il grande amore: *ne / ci* aveva sempre avuto bisogno. Essere amata era il solo motivo per cui avrebbe smesso di prostituirsi.
7) Oscar mostrava segni di fastidio e di disagio nel ristorante, ma Cabiria, entusiasta di andare a vivere con lui, non *se ne / ci si* era accorta.

## Gelsomina & Cabiria

**Federico Fellini racconta**

La base interiore dei personaggi di Gelsomina [*La Strada*] e Cabiria è abbastanza identica: anche Cabiria, come Gelsomina, è una creatura che vive in un mondo troppo duro e brutale[1] per la sua struttura, è vittima della violenza. Gelsomina, però, era un personaggio più allegorico[2] ed eccezionale... mentre Cabiria è più umana e identificabile....
Il film è basato sul contrasto tra la carica non cosciente d'amore[3] e le mura massicce[4] entro le quali i sentimenti e le fantasie di lei si scontrano rovinosamente[5].

*Gelsomina nel film e in un disegno di Fellini*

*Cabiria nel film e in un disegno di Fellini*

Non si tratta di un film sulle prostitute: ho scelto una prostituta come protagonista, sia per il mio gusto per le esemplificazioni estremistiche[6], sia perché oggettivamente il rapporto di un uomo con una prostituta è forse uno dei più brutali che esistano.

**Pier Paolo Pasolini racconta**

La realtà di Fellini è un mondo misterioso –o orrendamente nemico, o perdutamente[7] dolce– e l'uomo di Fellini è una creatura altrettanto misteriosa che vive in balìa di quell'orrore e di quella dolcezza[8].
Così era Gelsomina, e così è, assai più poeticamente realizzata, Cabiria.

G. Fofi, F. Volpi, (a cura di), *Federico Fellini. L'arte della visione*, Ministero del Turismo e dello Spettacolo, Grugliasco 1993.
F. Fellini, *Le notti di Cabiria*, Garzanti, Milano 1982.

[1] *brutale:* violento.
[2] *allegorico:* simbolico, fantastico, astratto.
[3] *carica non cosciente di amore:* spinta inconsapevole ad amare ed essere amati.
[4] *massicce:* grosse, resistenti.
[5] *rovinosamente:* in maniera terribile.
[6] *esemplificazioni estremistiche:* esempi esagerati, eccessivi.
[7] *perdutamente:* assolutamente.
[8] *vive in balìa di quell'orrore e di quella dolcezza:* è vittima del dolore che lo circonda e della sua stessa insaziabile voglia di amare.

### Fellini, l'uomo e il regista

#### Federico Fellini racconta

All'inizio i genitori fanno sempre calcoli che difficilmente coincidono con quelli dei figli. Mia madre mi vedeva bene nella carriera ecclesiastica, forse sognava che diventassi il vescovo di Rimini, mentre il papà, che era il lato anticlericale e romagnolo[9] di casa, sarebbe stato felice se fossi diventato un bravo medico o avvocato.

Non ho una ricetta, un sistema, non m'impongo dei traguardi[10]. I film si presentano come in definitiva fossero già fatti. Mi pare di essere un trenino che sta percorrendo una strada ferrata[11] ai lati della quale ci sono le stazioni, i film in questo caso. Io devo soltanto scendere, avere un po' di curiosità e vedere cosa c'è al di là di quella stazione, se c'è la piazza…

All'inizio un film è un sospetto, un'ipotesi di racconto, ombre di idee, sentimenti sfumati[12]. Eppure in quel primo impalpabile contatto il film sembra già essere tutto se stesso, completo, vitale[14], purissimo. La tentazione di lasciarlo così, in questa dimensione immacolata, è grandissima.

Per tutto il tempo delle riprese mi sento completamente annullato come individuo. Vengo preso da attacchi di insonnia indomabili[15], non sono in grado di pensare ad altro che non sia il mio film e i miei personaggi. E quando tutto è concluso, resto vuoto.

#### Altri dicono di lui

Fellini: uno dei pochi che hanno fatto del cinema una parte dell'Arte moderna; il solo la cui immensa opera può essere messa sullo stesso piano di quella di Picasso e di Stravinskj.

(Milan Kundera, scrittore)

Lavorare con Fellini è come per un falegname lavorare con San Giuseppe.

(Roberto Benigni, attore e regista)

Fellini poteva essere solenne come una cattedrale e semplice come una chiesa di campagna, ma il suo sguardo sui sentimenti, sull'arte, sull'avventura umana era unico, profondo e leggero nello stesso tempo.

(Vincenzo Mollica, giornalista)

*Testi tratti da:*
*www.fellini.it*
*www.federicofellini.it*

---

[9] *romagnolo:* in questo caso è sinonimo di anticlericale. La Romagna è un'area che comprende le province di Rimini, Ravenna e Forlì e in cui, a partire dalla seconda metà dell'Ottocento, si creano numerosi movimenti politici repubblicani, laici, e dunque antisistema (L'Italia unità nasce nel 1861, come monarchia). Per molto la Romagna venne vista dal potere costituito come una regione di sovversivi.
[10] *non mi impongo dei traguardi:* non mi fisso degli obiettivi.
[11] *strada ferrata:* la ferrovia.
[12] *sfumati:* imprecisi.
[13] *impalpabile:* inconsistente, impercettibile.
[14] *vitale:* pieno di energia.
[15] *vengo preso da attacchi di insonnia indomabili:* non riesco a controllare l'ansia e quindi non posso dormire.

# Soluzioni degli esercizi

**Es.1:**
1) La scuola dell'obbligo ☺
2) Il disegno a mano libera ☺
3) L'università ☹
4) L'attività di giornalista ☹
5) Lo sceicco bianco ☹
6) I vitelloni ☺
7) La strada ☺
8) Il bidone ☹

**Es.2:** 1)c; 2)b; 3)c; 4)a.

## Prima sequenza

**Es.3:** 1)Vanda le consiglia di leggere la preghiera appesa sul confessionale; 2)Ha paura che succeda qualcosa di straordinario; 3)Cambiare vita.

**Es.4:** 1)b; 2)a.

**Es.5:** 1)peccati; 2)piano; 3)posso; 4)ora; 5)domandarti; 6)tutto; 7)popolo; 8)batte; 9)perdono; 10)farà; 11)ciascuno; 12)terra; 13)lasciate.

**Es.6:** 1) È un problema che si deve risolvere il più presto possibile / È un problema che deve essere risolto il più presto possibile ; 2) Non ho tempo, mi dispiace, oggi devo fare molte cose; 3) Piove e fa freddo. Si deve stare in casa e non uscire; 4) È una questione delicata, che si deve sottoporre alla visione di qualche esperto / È una questione delicata, che deve essere sottoposta alla visione di qualche esperto; 5) Di' a Elena che dobbiamo risolvere molti problemi.

**Es.8:** 1)c; 2)c; 3)b.

**Es.9:** 1)infinitamente buono e degno di essere amato sopra ogni cosa; 2)non offenderVi mai più e […] fuggire le occasione prossime del peccato. 3)misericordia, perdonatemi.

**Es.10:** 1)c; 2)b.

**Es.11:** 1)I pronomi ricevono una "e" al posto della "i" finale; 2)Gli infiniti perdono l'ultima sillaba; 3) Vanda diventa Va'; 4) A.

**Es.12:**
**Pleonastico (tipico dell'Italia centrale)**
1) Che non lo vedi?
2) Ma che te fermi qui?
**Congiunzione subordinante**
3) Basta che arriviamo fino all'altare
**Pronome relativo**
4) Mira il tuo popolo, che pien di giubilo oggi ti onora (2 volte)
**Particella interrogativa (che…?= cosa…?)**
5) Ma che c'è?
6) Che succede adesso?
7) E che ne so?
**Particella interrogativa (che…?= perché?)**
8) Ma che spingete?
**Congiunzione causale (= perché)**
9) Rosa, vie' qua un momento che questo se sta a abbiocca'
10) Cammina che il più lo abbiamo fatto

## Verifica della prima sequenza

**Es.13:** 1)Vanda e Cabiria si dividono; 2)Amleto si arrabbia con un malato; 3)Cabiria chiama Vanda; 4)Cabiria dice di essere emozionata; 5)Tutti si inginocchiano; 6)Rosa corre in aiuto. La sequenza in più è: Il prete invita i fedeli a cantare un inno alla Madonna.

**Es.14:** 1)b; 2)f; 3)c; 4)b; 5)c; 6)a; 7)d; 8)f; 9)e.

## Seconda sequenza

**Es.15:**
Le cinque parole segrete del gruppo **A** sono: *anello, barile, puzza, delfino, applauso*.
Le cinque parole segrete del gruppo **B** sono: *barbone, gabbiano, formaggio, àncora, sigaro*.

**Es.16:** 1)falso; 2)vero, 3)falso; 4)falso.

**Es.17:**
1) vorrà;
2) sa
3) venga;
4) sia;
5) da;
6) ragazzo;
7) riesce;
8) come;
9) proprio;
10) almeno;
11) prego;
12) potete;
13) gli;
14) commosso,
15) ce;
16) bassi;
17) vederla;
18) permette?;
19) importano;
20) dei;
21) avesse.

**Es.18:**
1)Un quartiere ricco; 2)Per timidezza; 3)b.

**Es.19:** 1)b; 2)c; 3)d; 4)a.

**Es.20:** 1)b; 2)a; 3)b.

**Es.21:**
1)Avete presa 'a fifa, eh? (popolare): 2)Be', mica tanto poi (popolare); 3)La casa dove sto è mia, vabbè?? (popolare); 4)Ma chi sarà 'sto Oscar? (popolare); 5)Tanto meglio, me ne rallegro (colto); 6)Permetti? (colto); 7)Da tanto tempo io desideravo fare la Sua conoscenza (colto); 8)Posso sperare di vederLa ancora? (colto); 9)Permette un ballo? (colto).

**Es.22:**
1) senta (sentire);
2) venga (venire);
3) sia (essere);
4) badi (badare);
5) senta (sentire);
6) faccia (fare);
7) aspetti (aspettare);
8) presenti (presentare);
9) creda (credere);
10) dia (dare).

**Es.23:** 1)presenti; 2)senta.

**Es.24:**
La persona che invita a pranzo – "Si serva" – all'ospite seduto a tavola.
Il portiere dell'albergo – "Lasci pure" – al cliente che entra con le valigie in mano.
Il carabiniere – "Esibisca la patente per favore" – all'autista che correva troppo veloce.
Il medico – "Si sdrai sul lettino" – al paziente che deve essere visitato.
Il direttore di un'azienda – "Si accomodi" – all'uomo d'affari che è appena entrato nel suo ufficio.
Il sarto – "Si giri" – al cliente che si sta provando il vestito.
La centralinista – "Rimanga in linea" – alla persona al telefono.
Il cliente di un ristorante – "Mi porti il conto per favore" – al camerier.e

**Es.25:**
1)Rimanga sul palco; 2)Si svegli;
3)Mi segua; 4)Ascolti Oscar / Lo ascolti;
5)Raccolga dei fiori; 6)Mi dica come si chiama;
7)Non abbia paura.

### Verifica finale della seconda sequenza

**Es.26:**
1) finito;
2) divertita;
3) quartiere;
4) sposarsi;
5) giardino;
6) volte;
7) finestra;
8) Maria;
9) veramente;
10) sipario.

**Es.27:**
1) Mi lasci andare;
2) Non dica stupidaggini;
3) Faccia smettere il pubblico di ridere;
4) Si tolga le corna da diavolo;
5) Non mi metta in testa la corona di fiori.

**Es.28:** Seguendo l'ordine da sinistra a destra e dall'alto in basso, le immagini sono le seguenti: 1; 3; 4; 2; (Cabiria disperata); 5; 6.

*Terza sequenza*

**Es.29:**
Cabiria ha finalmente incontrato il suo vero Oscar, di cui è profondamente innamorata. Ha portato con sé tutti i soldi della dote, una somma considerevole, accumulata dopo tanti sacrifici. Presa da una certa rabbia, si sfoga con Oscar per quello che ha subito durante il passato.

**Es.30:** 1)falso; 2)falso; 3)vero; 4)falso.

**Es.31:**

1) ormai;
2) sembra;
3) tramonto;
4) via;
5) approfittati;
6) libretto;
7) dovuto;
8) preso;
9) pensa;
10) tenga;
11) sempre;
12) vita;
13) affittava;
14) passi;
15) come;
16) prenderle;
17) giretto.

**Es.32:** 1)b; 2)d; 3)a.

**Es.33:**

| CI | = a noi | = a questa cosa | Pleonastico del verbo "avere" (non aggiunge significato) | Parte del verbo "esserci" |
|---|---|---|---|---|
| 1) Non **c'è** ragione! | | | | X |
| 2) E chi **ce** pensa alla mia vecchiaia? | | X | | |
| 3) Lei conosceva uno che **ce** affittava un'edicola | X | | | |
| 4) Quando **c'**avevo quindic'anni | | | X | |

| NE | | Intensivo di un verbo di movimento | = di questa cosa |
|---|---|---|---|
| 1) Sapevano che c'avevo premura e se **ne** so' approfittati | | | X |
| 2) Tu non hai mai voluto parlar**ne** | | | X |
| 3) Me **ne** sarei andata via | | X | |
| 4) Avevo certi capelli neri, lunghi, fino a qui. E chi **ne** capiva niente? | | | X |

## Es.34:

| | Aggiungere un nuovo argomento | Assumere un tono di sfida | Stimolare l'azione | Esprimere un desiderio irrealizzabile | Negare | Mantenere il contatto con l'interlocutore | Esprimere incertezza, probabilità |
|---|---|---|---|---|---|---|---|
| 1) Quello che è mio è tuo, **no**? | | | | | | X | |
| 2) Vuoi farmi ubriacare, **eh**? | | | | | | X | |
| 3) **Su**, vieni, andiamo via di qua! | | | X | | | | |
| 4) Perché, **vedi**, quelli che *se* mettono intorno alle ragazze per *portaje* via i soldi. | | | | | | X | |
| 5) Tu **magari** *manco 'o* sai. | | | | | | | X |
| 6) Perché **poi**, mica volevo *continua'* sempre così! | X | | | | | | |
| 7) Perché poi, **mica** volevo *continua'* sempre così! | | | | | X | | |
| 8) Appena avessi potuto –**sì**, **domani**! - me ne sarei andata via. | | | | X | | | |
| 9) Lei conosceva uno che *ce* affittava un'edicola...appena potevo, **lo vedi tu**! | | X | | | | | |

## Verifica finale della terza sequenza

### Es.35:
1) se ne;
2) ci;
3) se ne, ne;
4) ne;
5) ne;
6) ne;
7) se ne;

Finito di stampare nel mese di novembre 2004
da Guerra guru s.r.l. - via A. Manna, 25 - 06132 Perugia
Tel. +39 075 5270257-8 / fax +39 075 5288244
e-mail: geinfo@guerra-edizioni.com
www.guerra-edizioni.com